PATRIOTISM

DEVOTION TO COUNTRY

WRITING MANIACS

ISBN 979-888569840-5

We thank the almighty god for making Writing Maniacs stand strong and let all the wonderful writers get a stage to show their skills and let us(Writing Maniacs) to serve them with our whole heart and interest.

We the team of Writing Maniacs, would like to thanks all the writers who showed interest ineteres in the event "Patriotic Quotes" on the occasion of Republic Day and became part of this lovely book.

This book has 100+ writers who showed their patriotism with their words and unconditional love towards their country and soldiers.

Contents

Contents

Contents

Contents

Contents

Preface

Patriotism - A Devotion to Country is a book which cames as a thought to the Writing Maniacs in order to organise an event on the upcoming occasion of Indian Republic Day. Event was very simple, where writers would submit a quote or small poem on theme patriotism with writers across globe. And the write ups would have been posted on Social Media page of Writing Maniacs to let the world know about these writers but seeing the interest and increasing number of submissions, the team came to a conclusion to give all the writers a beautiful surprise with the launch of this book.

Love and Devotion for your country has a special feeling in your heart. It makes you proud from within and fills your heart with motivation to sacrifice and devote.

Large number of writers across the globe took part in an event organised by Writing Maniacs named "Patriotic Quotes" on the ospicious occasion of Republic Day and all the write ups were featured on Instagram page of Writing Maniacs and also these beautiful write ups were compiled into this book.

Read this book once and you will Love It!

Writing Maniacs (about)

Writing maniacs, a writing community registered under MSME ACT, 2006 is a best writing platform in India where writers from different countries take part in the daily different contests of writings and the writeups of top 3 writers are posted on the official instagram page of community (writingmaniacs) daily. Writings are judged on basis of content quality, theme, grammatical errors, word limit and after observing every rule by judge then top 3 winners in both English and Hindi category are decided by the judging panel.

Disclaimer

"Patriotism: Devotion To Country" is a collection of writings on teachers written by 100+ writers.

This Anthology "Patriotism: Devotion To Country" is a work of fiction.

Names, characters, events and any incidents are products of the author's imagination or may be based on real events. All the volumes in the book are unique and merely belong to co-authors.

In case of any plagiarism detected in this book, the co-author is solely responsible. The compiler and the publisher will not be responsible.

Mohammad Shabaz Alam (founder)

MOHAMMAD SHABAZ ALAM is an Analyst by profession but he has a deep love and passion for writing. Since then he started writing and till now he has co authored in more than 50 anthologies and compiled 10 anthologies. He has also compiled 3 World Record Anthologies. He has published is solo book of collection of short stories and wishes to see his name in the list of top writers and authors. He is founder of Quilling Heart Publication, Writing Maniacs and Stellar Talent Awards.

Gajala Yasmin (co-founder)

Gajala Yasmin, born on 02nd November, 1994 has completed her PG in Commerce. She is fond of teaching and so gives tuitions to students in her locality. She also has love for writing Shayaris and has been part of few anthologies. She has compiled 5+ anthologies and is also founder of Quilling Heart Publication and Writing Maniacs.

Suriyanshi Mishra (management Head)

Suriyanshi Mishra,writer from Delhi is the Management Head of Writing Maniacs or in simpler way, is the face of Writing Maniacs. She is Serving Nation as a NCC Cadet and Thal Sainik Cadet, She's a national ranked Rifle shooter currently pursuing her international trainings. Also a fellow Member of Youth Parliament. She's an Author of a book (WE PERFECT TOGETHER) that's a poetry collection book. She compiled an international anthology name as (LOVE OVER SOMEONE). She's also an international digital entrepreneur too. She teach free education to poor children that lives in slum areas. Suriyanshi loves to explore new things in every field. Her way of thinking is totally different from others. she believes everything happens for a reason. She started writing when she was only 9 year old. Ink stained paper makes her feel so happy. Suriyanshi loves to fill white papers with the ink by her thoughts.

CHAPTER ONE

Shreeya Katyal

इस मिट्टी में जन्म लिया है 1 दिन इस मिट्टी में ही मिल जाना है,
मगर उस आखिरी दिन से पहले कुछ खास करके जरूर दिखाना है!
खुद के लिए तो सभी जीते हैं कभी औरों के लिए भी जी के देखो,
अपने साथ-साथ अपने देश के लिए भी कुछ करना सीखो!
जो देश के लिए जीते हैं वह आदमी होते हैं महान,
और जो देश के लिए मर जाते हैं, मिट जाते हैं, वो बन जाते हैं भगवान..."
   Shreeya Katyal (IG: Shayarashree)

Seemeen Nayeem Siddiqui

ये देश की आन बान है जो सरहद पर जवान है।
आप है जगते, तभी तो सोता, पूरा हिन्दुस्तान है।
सरहद पर ये तैनात हैं, सरहद के निगेहबान हैं
आप है जगते, तभी तो सोता, पूरा हिन्दुस्तान है।
   - Seemeen Nayeem Siddiqui (IG: seen_9807)

Ishika Saxena

चलो फरि से आज वोह नजारा याद करले,
शहीदों के दिल में थी , वो ज्वाला याद करले।
जिसमे बहकर आज़ादी पहुची थी किनारे पे,
देशभक्तों के खून की वो धारा याद करले॥
ना तेरा , ना मेरा , ना उसका , ना इसका ,
यह सब का वतन है , आ बचालें इसे॥
     - Ishika Saxena (IG: thebrokenheartfeelings)

Aditi

कसि नाम से आरंभ करे ,कसि नाम से करे अंत
जनिका भी नाम ले ,आँखें हो जायेगी नम।

भगत, राजगुरु और सुखदेव की ,गाथा थी वो कुर्बानी की
खूब लडी़ मर्दानी थी,वो झांसी की रानी थी।

लंबी थी ये लडाई़ आजा़दी की ,जो हमारे वीरो ं ने जीती थी
और जो लाल हुई ,वो भारत भूमि अपनी थी।

माटी भी खोकर अपने रत्न ,खून के आसूं रोई थी
    -Aditi (IG: ditivats)

Disha Jain

The objective of this day is guiding peace,
May Prosperity lead us to heights,
May our nation become free from social evils.
We salute our brave leaders.
We salute our freedom fighters.
We salute their sacrifice for us.
Happy Republic Day
   - Disha Jain (IG: disha.jain18)

Shivam Pandey

You are the youth,
The fuel of this motherland.
It is the paramount truth,
That, the nation makes a demand...
To fight its plight, we are duty-bound...
Because it is not the nation that makes us, it is the other way round.
  - Shivam Pandey (the_words_way)

Anil Kumar Jaswal

The land is fertile,
The rivers are pious,
The mountains are brave,
The jungles are full of herbs and animals,
The cities are center of intellectualism,
The villages are thriving with simplicity,
And the Country is India all the way.
   - Anil Kumar Jaswal (anil.jaswal.3158)

Hritka Bhattacharya

The sun shone bright that day,
The flowers bloomed beautifully,
The grass was lush and green,
But there was dank and deep silence inside her,
Its been 2 years since he left to keep his promise,
The promise of never leaving his mother India in the hands of the
foe!!!!

- Hritka Bhattacharya (hritika_bhattacharya)

CHAPTER NINE

Fathia Olarewaju

Empower me to flaunt the conquerors and the exemplars today and after,
The foregone citizens, wholly that succored the triumph for India,
Whose persistences and valiants was for their birthplace,
Those publicized strives they lived through for the fortune of the nation.

Tribe to Mahatma Gandhi, Rani Lakshmibai, Bhagat Singh, Subhash Chandra Bose...
Oh! Indians, we are bound to call out these names and more,
Appeal for their presences as we march for the parade at Rajpath New Delhi.

-Fathia Olarewaju (IG: faaathiaaa)

CHAPTER TEN

Komal Bhaleshwer

हरा,सफेद और नारंगी रँग से बनता देश का झंडा अपना
वायु,जल और थल सेना से मिलिकर चलता देश ये अपना
खाकर सीने पर ये गोली देश के वीर कहलाते हैं
देखो अपने देश की खातिर हँसते-हँसते मर जाते हैं!

सर्दी,गर्मी चाहे हो बारिश,माँ की रक्षा में खड़े रहें
कोशिश करके देखलो दुनिया,ये फर्ज पे अपने अड़े रहें
   - Komal Bhaleshwer (IG: komal_bhaleshwer)

CHAPTER ELEVEN

Ishrat Jahan Noor Mohammed Khan

Life is love
Love is nation
Nation is passion
Passion is compassion
    -Ishrat Jahan Noor Mohammed Khan (IG: Ishrat7755)

Shivam Vishwakarma

जख़्म लेके भी जय हिन्द कहते रहे
हर बुराई से हंसकर तुम लडते रहे

क्या मिला क्या गया कोई मोल नहीं
राष्ट्र भक्ति ही उत्तम समझते रहे

कोई जीकर मरा कोई मर कर जिया
तुम तो दिल में सभी के ही जीते रहे

- Shivam Vishwakarma (IG: Im_moment_writer_shi_va_m)

Mathumitha

Leaders triggered the patriotism,
To mark the doom of colonialism,
Wars fought, might brought,
British lost,
And, paid their cost,
Freedom was ours,
under the million of stars.
    -Mathumitha (IG: p.i.k.a.c.h.u_24)

CHAPTER FOURTEEN

Purnima Garg

इसने तो वीरों को जन्म दिआ..
साक्षरता की राह इसने दिखाई है..
तक्षिला विश्ववदि्यालय से अपनी शान बनाई है..
इसका तीन रंग का तिरंगा..
इसकी ही तो पहचान उभर आई है..
जात पात का यहां भेद नहीं..
रहे यहां सदा हिन्दू मुसलमि भाई है..
ऐकता का ये प्रतीक है..
सबसे प्यारा मेरा भारत देश है।
    -Purnima Garg (purnima02_)

Kunal Duryodhan Bhoir

सम्मान ना कर सको, उपहास भी ना करना
रक्त से लिखा है भारत का इतिहास
माटी से होता है यहाँ आज भी वीरों का तिलक
कण - कण में हैं ईश्वर का वास
   -Kunal Duryodhan Bhoir (IG: bhoirvaishnav18)

Kunika Dad

तिरंगे में लिपटना इतना आसान नहीं होता
आजादी का जश्न मनाना भारत मां का सम्मान नहीं होता।।
- Kunika Dad (IG: kunikadad)

Arshad Raj

भारत मां के वीर सपूत...
कैसे हम उनका शुक्र अदा करें जिन्होंने हमारे लिए अपनी जानें गंवाई हों।
उन्होंने अपनी जानो पर खेलकर हमें अपनी पहचान दिलाई हो।
उन वीरो के बल पर ही हम आज ये ज़मीन मिल पाई हो।
ये तो इस भारत मां के सपूत हैं जिन्होंने हमें आजादी दिलाई हो।

   - Arshad Raj (IG: arshadraj12)

Niketa Pahuja

भारत का अस्तत्वि है संविधान,

गणतंत्र की पहचान है संविधान,

धर्म उपासना की आजादी है संविधान,

नए भारत का विधान है संविधान,

भीमराव का लिखा नियम कानून है संविधान,

आज़ाद नागरकि की पहचान है संविधान,

विश्व का सबसे लंबा लिखित है भारतीय संविधान,

   - Niketa Pahuja (IG: niketapahuja)

Mohammad Ashar

Mili hai azaadi mushkilon ke saath,
Sambhaal ke rakhna is tohfe ko,
Mayassar nahin aaj bhi,
Hai kai log bandishon main jakde,
Khushiyan mana, Khayal rakh sab ka,
Rooh hai sabki isme, Gulistan ko khilne de,
Is chaman ki bahaar hum jaisi hai kahan.
    - Mohammad Ashar (IG: worldofashar)

Surbhi Baisoya

वो तपती धूप में रहता है।
बर्फ की वादियो की लहरे सहता है।
हर तकलीफ, हर गम भुला देता है।
वो जिन्दगी दूसरो पे लुटा देता है।
जहाँ जान की हिम्मत कोई ना दिखाता
वहाँ वो फ़तह हासिल कर आता
तभी तो ये है "सिपाही" कहलाता।।
        -Surbhi Baisoya (IG: baisoya.surbhi)

Gifty Maria Mathew

A Nation is its people. Knowledge of Rights empower Citizens, and Knowledge of Duties guide into 'Being Citizens'. Its always a Give and Take, which makes all the difference.

- Gifty Maria Mathew (IG: _m_gm_)

Gyanendra Singh

चलो फरि से आज वोह नजारा याद करले,
शहीदों के दिल में थी वो ज्वाला याद करले,
जिसमे बहकर आज़ादी पहुत्री थी किनारे पे,
देशभक्तों के खून की वो धारा याद करले
   - Gyanendra Singh (IG: MR_firmness)

Krishma Verma

पंजाबी, बंगाली, आसामी,गुजराती,
एक दूज़े से प्यार करता है हर इंसान,
गांधी जी,डॉ भीमराव अंबेडकर,चाचा नेहरू,
सरोजिनी नायडू या हो लक्ष्मीबाई,
मुझे लगता नही है इनसे कोई महान,
बच्चा- बच्चा तैयार है देश पर मिटने को,
इसीलिए हमारा देश महान हौ
   - Krishma Verma (vermakrishma)

Abhishek

तिरंगे का सर के कुछ ऐसा फ़ितूर है,
देश के लिए मिले तो मौत में मशहूर है,
बहा दूंलह तिरंगे के खातिर है,
परवाह नहीं अपनी जान की आखिरि,
देश की मिट्टी में मरना चाहूं,
मैं अपनी मां की उस चिट्ठी को पढ़ना चाहूं,
जोकि आखरी बार था भेजा उन्होंने पूछा था बेटा कब मिलोगे।
  - Abhishek (IG: theabhisheksharma07)

CHAPTER TWENTY-FIVE

Nattasha Rajesh Shendge

Jis desh ke hum wasi hai
Use pehle sone ki chidiya kehte the,
Iss desh ka koi ek dharam nahi koi ek jaat nahi
Saare dharmo ki basti hai iski chaukaane wali baat yahi,
Ye desh bada rangeela hai, yaha har roop rang ka basera hai
Har deshvaasi bade Garv se kehta hai ke ye Bharat desh mera hai!
   - Nattasha Rajesh Shendge (IG: _writistan)

CHAPTER TWENTY-SIX

Huma Malik

धुएँ ने सुरख पहाडो़ं को छुपा रखा है, शहीद अपनी सरजमीन पर निसार हुए जाते हौउन्हें आँसुओं की भी नही है कोई परवाह, वो शौक-ऐ-शहादत दिल में लिए अपनी जान निसार कर जाते हैं।दुश्मन ने हिंदिस्तानी पहाडो़ं को घेरा,वार किया और खून के दरिया बहा दिए,अजीम माँओं की गोद का है असर, अपनी जानों का नजराना देकर हिंदिस्तानी शखिरों पर बसाया है घर।अजदाद की मीराज़ है ये हमारा वतन, फतह हमारी है हर कदम।।

   - Huma Malik (IG: Roseeangell2824)

Yash (Rk)

भारतीय सैनिक कहते हैं –
इतनी सी बात हवाओं को बताये रखना,
रौशनी होगी, चरागो को जलाये रखना।
लहू देकर जिसकी हिफ़ाज़द की हमने,
उस तिरंगे को आँखों में बसाये रखना।
     - Yash (Rk) (IG: Rk_Writer)

Ayushi Kaushik

दश क बिटी खुल कर जीना सीख ह गई,
लड़त लड़त आखरि आजादी हमको मलि ह गई।
आओ आज आजाद भारत क उन शहीदो को याद कर,
उनक हम्मित क आग आओ आज अपन भी कुछ आंसू हम करूबान करो।
  - Ayushi kaushik(IG: _ayushi.k_)

S.Saraswetha

Unity! Unity!! Unity!!!
The word have perfect meaning in INDIA.
Huge number of people with huge differentiality,
Lives here happily with equity,
And with actual fraternity.
One of the seven wonders of the world is in INDIA,
But INDIA itself is made as a wonder by its equality.
   - S.Saraswetha (IG: scribed_words)

Akanksha

वो वीर-वीर ही क्या
जो अपने वतन का रखवाला न हो 2
वो रक्षा - रक्षा ही क्या
जिसके लिए ये जान न्योछावर न हो।

कि सिर झुकेगा जरूर मेरा अपने फर्ज के लिए 2
लेकिन इसको दुश्मन के आगे झुकने नहीं दूँगा
शहीद हो जाउँगा इस वतन के लिए पर इसको मिटने नहीं दूँगा।
   - Akanksha (IG: akanksharajput______)

Pooja Patil

कि दिलों में हौसले रख आंखों में चमक लिए तेरे लिए लडा़ हूं, तेरे सम्मान में आज सीना तान सलामी देते खडा़ हूं, तू तिरंगा है मान है हमारा तुझ से ही जग में वर्चस्व है हमारा , तुझे देख रहूं मुस्कुराए राष्ट्रगान में गर्व मेरे अंदर भर जाए एक सच्चा भारतीय और क्या चाहें , तेरे रंगो में देश आज जगमगाए , होसलो में रख उडा़न तुझे ऊंचा आज विश्व में लहराए ??...!!

   - Pooja Patil (IG: _poetic_thoughts_01)

Arpan Mandal

"They who moved out of their homes,
To serve the nation at an young age.
Survived all the odds which a common man can't.
They are the reason ,we are leading a cherish life......"

- Arpan Mandal (IG: wtf__arpan)

CHAPTER THIRTY-THREE

Sonu Chouhan

Are you separated from me ?

No,not at all,which ever part of world I travel your are always with me,you always travel with me in my Heart.

Can any son/daughter forget their mother ?

Never,no child can be separated from his/her mother.

We are identified as your son/daughter outside our home i.e INDIA

   - Sonu Chouhan (IG: Sonu_chouhan94)

Mansi Chaturvedi

Everytime it is unfurled
Remember to raise your head and rise
It might be the colours on it
Giving a different meaning this day
Remember it is there
Because of many who struggled for you,
 - Mansi Chaturvedi (IG: mansi.chaturvedi.1)

Dr. Khushboo Gupta

Democratic Country, Independent Nation
doesn't permit anyone of us
to make or feel any women uncomfortable/unsafe
in their own Republic kingdom.
Why we limit our safety only to terrorism?
Make your Nation proud in every aspect.
HAPPY REPUBLIC DAY.

    - Dr. Khushboo Gupta (IG: doc.khushboo_)

CHAPTER THIRTY-SIX

Fatima Bano Md Khalil Khan

"It's not just about the flag hosting and rejoicing the day, but to remember the sacrifice of our freedom fighters who made our lives easy to stay, so it's better to sacrifice our life for the country than being slaves"

- Fatima Bano Md Khalil Khan (IG: rhetorical_queen_77)

Kaushiki Mitra

खण्डों में ना देखो मुझको , मैं वीरों का स्वाभिमान हूँ;जन गण मन का एक ही स्वर हूँ मैं ,न मैं हिन्दू हूँ ना मुसलमान हूँ,इंसानियत की छवि दुनिया को दिखलाता और भारत माता की आँचल में बसता, मैं एक पूरा हिंदुस्तान हूँ।
    - Kaushiki Mitra (IG: kaushikimitra2216)

Vani Takawane

लड़ रहा सिंदूर मेरा, धरती मां की रक्षा में आज !
मत ठहरो ये काली रात, गुज़र जाने दो हवा के साथ!

श्रृंगार चढ़ाया है उसने, गोलियों की बौछार के साथ !
तन्हा कितना रहती हूं मैं, गुज़र जाने दो जंग की रात!
- Vani Takawane (IG: writer_va2017)

Florina Mondal

For the sake of the country,
They sacrificed their lives,
To make the nation happy,
They left their family behind,
Salute to their courage,
Saltute to their soul,
For shedding blood & give us freedom...
  - Florina Mondal (IG: florina_mondal)

Vishakha Mothiya

1. Devotion towards Nation.

2. Indianness in Blood.

3. Indians are the heartbeat of India.

4. Bharat is not only a country but a nation goddess.

5. Indianness is our proud identity.

6. Our nation is a land of 33 crores god and goddess.

7. India is a big tree which shelters all the new people from another country.

   - Vishakha Mothiya (IG: vishakha_writer)

CHAPTER FORTY-ONE

Pallavi Jha

आज है वो दिन जब नया सवेरा हुआ था,
आज ही के दिन गणतंत्र दिवस का ध्वज लहराया था।

26 जनवरी है वो तारीख जिस दिन भारत को एक नई पहचान मिली,
आज ही के दिन भारत के कदम उज्ज्वलता के ओर बढ़ी।

आज है वो दिन जब अम्बेडकर ने अपना जनून जाहीर किया था,
आज ही के दिन अम्बेडकर ने भारत का संविधान रचा था।

आज ही के दिन गणतंत्र दिवस का महत्तव भारत वासिओं ने जाना था.....
  - Pallavi Jha (IG: being_pallavish)

CHAPTER FORTY-TWO

Sreemanti Bag

Howevever you may think yourself to be gullible and naive
Your country needs every bit of your hardship to enhance its pride
Give 100% effort for your country to thrive
Memorising those martyrs who sacrificed their lives for you to survive

    - Sreemanti Bag (IG: serene_shriya)

CHAPTER FORTY-THREE

Muskan

ਕਿਸੇ ਮੁਟਿਆਰ ਦੀ ਲੰਬੀ ਜਮ਼ੀਨ ਫਹੁਦੀ ਮਜਬੂਤ ਗੱਤ ਵਾਂਗ,

ਜਗਿਰੇ ਵਾਲੀ ਦਲੇਰ ਮਾਂ ਦੇ ਸਰੂਮੇ ਪੱਤ ਵਾਂਗ,

ਉਹ ਮਿੱਟੀ ਨ਼ੂਸੋਨਾ ਬਣਾ ਗਏ,

ਲਾਲਚ ਦਾ ਪਾੜ ਵਰਕਾ, ਦੇਸ਼ ਦੇ ਖਾਤਰ, ਜਿਦ ਲਸ਼ਿਕਾ ਨ਼ੂਜਾਲਮਾਂ ਹੱਥ ਸੱਲੀ ਚੜਾ ਗਏ।।

ਦਰੁ ਕਤਿੰ ਹਵਾ ਦਾ ਉਹ ਥੰਮਿਆ ਬੱਲਾ,

ਹਾਕਾਂ ਮਾਰੇ, ਦੇਖ ਲੈ ਹਿੰਦਿਸ਼ਤਾਨ ਦੀ ਧਰਤੀਏ

ਖੂਨ ਆਪਣਾ ਡੋਲ਼੍ਹ, ਤੇਰਾ ਖੂਨ ਰੰਗਾਂ ਗਏ।।

  - Muskan (IG: muskan_1627)

Vaidev Manoj

Instead making a blog, Have a patriotic feeling on the mind to stand, to live, to fight for the nation

    - Vaidev Manoj (IG: Vaidev_manoj)

CHAPTER FORTY-FIVE

Pinki khandelwal

मिटा मांग का सिंदूर हुआ कुर्बान आज,

छोड़ मां की ममता वो चल बसा आज,

सूनी हाथ की कलाई, सूना कर घर आज,

फिर एक देश का बेटा हुआ शहीद,

काट दुश्मनों का सिर, मिटा दिया उसका नामोनिशान,

कर भारत को आजाद चल बसा एक हिंदुस्तानी,

आज गर्व से कर ऊंचा सिर चल बसा एक भारतीय।

   - Pinki khandelwal (IG: pinkikhandelwal9)

CHAPTER FORTY-SIX

Dr. Vishal Singh

अजीब बडिम्बना है, सैनकि की ....वो अपना घर परविार छोड़ कर सीमा पर लडता है... धूप, बारशि, सर्दी से तो जैसे मति्रता हो गयी है उसकी..सब भारत माता के लिए... हां कोन है ये भारत माता ....मेरे देश का प्रत्यके नागरकि ....हां हम सब है...पर उसे सम्मान कब मलिता है, जब वह शहीद बन कर आता है...तरिगें के सम्मान में,लपिटा हुआ....हैं वीर परूष ... आपकी जय हो ...

    - Dr. Vishal Singh (IG: dr_vishal_singh_vatslya)

CHAPTER FORTY-SEVEN

Aashika Rathod

The task ahead of you,is never as great as the power behind you. Heroism doesn't always happen in a burst of glory,Sometimes small triumphs and large hearts change the course of history...
   - Aashika Rathod (IG: mahaushadh__2472)

Rituraj Basumatary

North, South, East or West,
My Motherland is the Best,
How Beauty is this Natural Land,
The Himalayas in the North,
The Indian Ocean in the South,
The Bay of Bengal in the East,
The Arabian Sea in the West.
   - Rituraj Basumatary (IG: rituraj_basumatary_)

Siva Praveen.s

"Patriotism consists not in waving the flag, but in striving that our country shall be righteous as well as strong America without her soldiers would be like God without his angels America is another name for opportunity we should respect and Nothing is impossible. ....

    - Siva Praveen.s (IG: _pravxx_)

Vishu King

गर्व है मुझे इस धरती मां की मिट्टी की, जो मैंने हिंदुस्तान में जन्म लिया है
तिरंगा हमारी शान, उसको सीने से लगाया है
जो आंख उठा के देखे इधर, उसको सीधा जमीन के कब्र में दफनाया है
इस देश के खातिर सौ सौ बार मरने को तैयार, जंग में उतर आया हूँ

   - Vishu King (IG: ivishuking)

Namarta Goyal

राम - कृष्ण के भारत को विश्व विजिता बनाएंगे।
वोकल फोर लोकल अपनाकर इसे आत्मनिर्भर बनाएंगे।
गर्व से हम भारतवासी आजादी का अमृत महोत्स्व मनाएंगे।
  - Namrata Goyal (IG: itz_namarta)

Aparna

खडा़ है गौरवान्वति यूँ ऐ देश! जो त ूध्वज तरिंगा फहराता है।
उधार है ये उनकी सांसें तझुपर,
जनि वीरो ंके मरघट को ,आज त ूअपना महल बताता है।
　 - Aparna (IG: kavya_kosh)

सहिों से जन्हिोनं खेले खेल हम है उनके वंशज
रण मे लडे थे बिना शीश ऐसे भी थे कछु पूर्वज
बुद्धमित्ता के अग्रदूत हम असमिति शौर्य हमारी जड़ में
गर्व करो हे भारत वालो जन्मे तुम वैभवता के गढ़ में
    - Pratik Vyas (IG: 90_pratikk)

Aleena Beegam

The graves of bravery isn't a sign of fear
but is full of courage and struggle
that paved today's heaven of freedom
let us make our deepest aspiration
to be righteous and strong
waving our flag of pride
across the frontiers so high
   - Aleena Beegam (IG: aleena_beegam)

Athira A.

In the eyes of those cavalier invaders,
Lovers of India seemed to be fanatics.
Little did they know about real patriots,
Who had pledged to combat the wicked,
And unleash wrath against their tyranny.
They are the real stalwarts, real heroes.

    - Athira A. (IG: _athira_a_)

Gita Rani Mishra

सबसे प्यारा देश हमारा
झंडा ऊँचा रहे हमारा।।
कश्मीर से कन्याकुमारी
धरती हमारी है न्यारी।।
ऋषिमुनियों यहाँ ध्यान करते
सैनिक देश की प्रहरी होतो।
देश खेलिए हम गर्व करतो।।

   - Gita Rani Mishra (IG: 21-the dental surgeon21)

Tanya Kashyap

हवा में तिरंगा जब लहराता हैं,
तो दिल गर्व से हिन्दुस्तानी कहलाता हैं,
विदेशी भी यहा आकर देसी बन जाता हैं,
ऐसा केवल हिन्दुस्तान में ही हो पाता हैं,

देश के लिए मर मिटने को दिल हर बारी तैयार रहता हैं,
ये असर हैं मेरी यहां की मिट्टी का,
इसलिए यहां हर इंसान तिरंगे में लिपिट कर मरना चहता हौ
  - Tanya Kashyap (IG: tanyakashyap.139)

Fehmina Siddiqui

World calls her a fragile being,
Forgetting her blood, a dauntless son saving nation
By remembering her mother's patriotic and valorous lullaby.
  - Fehmina Siddiqui (IG: fehminasiddiqui9092)

Ruchi Bhardwaj

जहां सेवा परमार्थ धर्म है,
देशप्रेम एक मात्र कर्म है,
जहां संस्कारों की नींव गढ़ती है,
हर हृदय में करुणा बस्ती है,
जो जन्मभूमि है परम ज्ञान की,
जहां धारा बहती है सम्मान की,
वो विख्यात धरती है हिन्दुस्तान की।।
　　- Ruchi Bhardwaj (IG: _likhaai)

Radhika Joshi

INDIA is not just a word. It's a feeling. When we saw our flag, heart is filled with proud.
When we sing our national anthem, we actually felt goose bumps. Being INDIAN is my pride.

- Radhika Joshi (IG: radheypriy)

CHAPTER SIXTY-ONE

Mrunal Date

When Bharat Mata was tied,
You devoted your soul, wealth,
And embraced Patriotism,
Freedom is my birth-right,
Gave the slogan to the people,
Bal Gangadhar Tilak!
I bow in front of you.
    - Mrunal Date (IG: mrunal_date.31)

Shaik Danish Ahmed

Aaye jawan tumhari shahidi abhi bhi yaad aati hai,
Hum bhule nahi hai us din ko.
Jis din tumne apni jaan banti hai,

Wo maa ka anchal bhi aab khali sa pada hai,
Shayad aab use bhi bete ki yaad aati hai.

Aab to tera beta mahaan hogaya hai,
Bus wahi soch kar apne dil ko manati hai.
   - Shaik Danish Ahmed (IG: Danish_Shaik_198961)

CHAPTER SIXTY-THREE

Padmashree Das

Let our national flag always fly high ,so the voices of our nation song remain in ear whispered.

Let the blood of our soilders spilled on the battleground would always be remembered.

Let the heritage of our culture always set remarkable example.

Let the pride they set would always be on top and memorized.

Let us celebrate the victory of freedom together. Happy republic Day

   - Padmashree Das (IG: Pams2610)

Bhawna Mishra

My India, a feeling of pride
Feelings for my country , I can't hide
Love & sacrifices for our nation
Never forget national integration
Different colours, different creeds
We need only humanity indeed.
Let's make humanity our religion.
- Bhawna Mishra (IG: Poetess_bhawna)

Namita Gupta

महज स्वीकार क्या करना, देश-प्रेम अब मन से निभाना है,
तोड़ कवच मौन-गण का, गणतंत्र का सिरमौर बन जाना है!
कब तक लपेटकर रखेंगे विकास को कागज की कतरनों में,
सुनो..इस भ्रष्टाचार को हर कीमत पर अब जड़ से हटाना है!!
न सूखे अब कोई "जंगल", रहें नदियां सभी "नीली"..
रहे अनपढ़ न कोई मन.. साक्षरता का नया सूरज उगाना है!!
सुनो, नए संकल्पों को चुनकर नया संविधान बनाना है!!
- Namita Gupta (IG: namita6498)

CHAPTER SIXTY-SIX

Debasmita Bal

India is our Pride,
Yelling 'We are Patriots' and not let it divide.

We are Indians and we never fear,
Even though we shed bloody tears.

The sons of our country are brave, they risk their lives but get burried in grave.
For this sacrifice we should be proud and shout Jai Hind aloud.
   - Debasmita Bal (IG: _ros.yy__)

Varna Dinesh

When we fail to remember the valors who saved us it is like trying to leave out the best part!!

They shed there sweat and save us to make our country shine brightly in the world!!

Salute to all soldiers who serve for us!!!

   - Varna Dinesh

Anu Abraham

ये देश ही हमारा मान, ये देश ही स्वाभिमान
ये देश ही है पहचान, ये भारत हमारा महान।
यहाँ हर कोई अलग है, पर फिर भी सब एक है
यही हमारा खासियत, और यही खुदा का वरदान।
कश्मीर से केरल तक, गुजरात से बंगाल तक
यहाँ हर इंसान महफूज़ है, सलाम है माटी के वीरों को,
जिनके बलदिान ने इस गणतंत्र को बनाया है।
- Anu Abraham (IG: Anu_27497)

CHAPTER SIXTY-NINE

Lalita

मेरा देश है भारत और मैं भारत की बेटी कहलाती हूँ
हिन्दू, मुस्लिम ,सिक्ख ,ईसाई सब को गले लगाती हूँ
देश की खातिर हर घड़ी जान की बाजी़ लगाती हूँ
डरती नही तीर् तलवारों से बंदूक कंधे पर उठाती हूँ
वक्त आने पर दुश्मन को छलनी कर दखिलाती हूँ
मेरा देश है भारत और मैं भारत की बेटी कहलाती हूँ
   -Lalita (latakrishna19)

Ankita Mishra

They fought for our nation
which showed their true dedication.
Every soul went through reckless wars
and proved their love on India's border.
Many shed their blood just for this beautiful nation,
let's all show our patriotism.
  - Ankita Mishra (IG: the_imperfect_writer_08)

Manisha Kumari

आजादी के 75 साल बाद भी क्या सच मे आजाद हैं हम?? ,
बईमानी ,भ्रष्टचार से क्या आजाद हैं हम? |
फिर क्या फ़ायदा उन जवानों का ,
सीमा पर हमारे लिए लडने का||
जब हम खुद गुलाम होना चाहते है,
बईमानी, भ्रष्टचार के तले दबना चाहते हौ||
अब समय आ गया खुद से लडे,
और इनसब चीजों से आजाद हो जाऐ||||
   - Manisha Kumari (IG: mann_say_manisha)

Muskan Keshri

मुझे महोब्बत हैं अपने देश से
जिंदगी की सारी काली रातो से भी ज्यादा काले मेरे जूतो
इनकी टप -टप मुझे मेरे पैरो पर खडा़ करने लगी हैं
वर्दी पहनते ही, दिखता नहीं, वतन के अलावा कुछ
मेरी वर्दी, मेरा सपना पूरा होने लगा हैं
हाँ, मुझे महोब्बत होने लगी हैं
इसकी शान से मेरे चेहरे पर मुस्कुराहट आने लगी हैं
- Muskan Keshri (IG: Keshri7589)

Supriya Priyadarshani

क्या कहते हो बलिदान नहीं,क्या याद तुम्हें वो शाम नही?

जब देश के हर एक कोने में, इंकलाब ने शोर मचाया था

हर काले के हुंकार से जब , गोरा भी बच ना पाया था |

मट्टिी की एक-एक कण ने जब आज़ादी का रक्त चुकाया था

घर-घर में बैठी माँ से उसका लाल ना फिर मिल पाया था|

क्या कहते हो बलिदान नहीं, क्या याद तुम्हें वो शाम नही?

   - Supriya Priyadarshani (IG: purani_band_diary)

Nilofar Farooqui Tauseef

लहू से सींचा, जिसने ये धरती, आज़ाद देश के वो वीर हौ
लहराता है जो तिरंगा, खींची गई वो शमसीर हौ

आजादी के मतवालों ने, रंगा बसन्ती चोला।
शहीद हुए भगत सिंह, आज़ाद ने दम तोड़ा।

राखी टूटी, सिंदूर छूटा, आँगन हुआ सूना।
क़ुरबान हुए वीर सपूत, लहू का रंग न खोना।

जितना चाहे जश्न मनाओ, वीर गाथा सब को सुनाओ।
    - Nilofar Farooqui Tauseef (IG: writernilofar)

Gopal Singhal

यहाँ हर कदम पर अलग नजारे,
हर वासी देश पर अपनी जान वारे,
जो बाहर जाकर भी बजादे जीत के डंके उसे हिंदुस्तान कहते हैं प्यारो।
    - Gopal Singhal (IG: gopal_singhal)

Priyadarshini Mukherjee

"Let India be again risen with its vibrant colours. Let its clipped feathers be freed, steadily arousing with its head held high perimetered with beautiful tricolour flags all around. Let us be the cause of unity, fight against corruption and fair the flag of our nation. Let us break all barrels away and upsurge to a state of paradise where our country beholds its dignity and indifference lined with righteousness and courage. Let my country shine ".

- Priyadarshini Mukherjee (IG: priya_mohor_mukherjee)

Srishti Shivhare

बैठे है दूर सरहद पे ,अपने प्यार से दूर ,अपने घर बार से दूर, कसिके लिए ? बस हमारे लिए ,हर्दिसुतान के लिए , उस तरिगें के लिए ..
जसिके लिए न जाने कतिने वीर जवान शहीद हो गए.. जनिका आंकड़ा सुन के आपका दलि दहल जायेगा ..

- Srishti Shivhare(IG: zazbat_lekhni)

Nandini

The National Flag Flying highest up above
Narrating the dynamics of struggles it has been through
Uniting all the religions in a single thread
Creating zestful Dragon' s head
If we are together no one can crush us
We are the Republics and not cold cuts
    - Nandini (IG: the_inner_vibes18)

Kashvi Mehta

A day that comes and goes,
But is sparked with millions of bows!
A salute to the freedom fighters is a must,
Who have touched our hearts and erased the dust!
A day that reignites the past culture,
That is eternal giving an inspiration for the future!
   - Kashvi Mehta (kashvimehta14)

Anjali Pathak

Be proud to be an Indian, shout jai hind loud
In 73rd year of Independence say it in Crowd
Celebrate the day and Show respect to the flag
Remember the sacrifice of soldiers and say you are glad
Take the pledge and work hard what we have get
Salute to them who stands in border and everyday Protects
      - Anjali Pathak (IG: anjliee.3102)

Arnab Patra

Love we life and fear we our impending death
Great were they, who for their country happily chose the bullet-laden wreath
Remembered they will be in our fond memories
Recalled will be their patriotism in countless stories
Born we are all and live we as mere mortals
But by actions on Earth those bravehearts became Immortals

    - Arnab Patra (IG: oceanicweavers)

Goldi Mishra

ये तिरंगा शान है हिन्दुस्तान की,
ये गाथा सुनाता है वीरो के बलिदान की,
बापू ने इसकी नींव रखी, टैगोर ने इसकी नियिती लिखी,
राजा राम मोहन राय ने इसे बताया हिन्द की आन ,
अंग्रेजों के सामने इस तिरंगे ने रखा राष्ट्र का मान,
नेहरू गांधी ने इसे थाम कर ही हर विजय को पा लिया,
सरदार पटेल ने इसी तिरंगे की छाव में सारे भारत को किया,

   - Goldi Mishra (IG: gold_i19)

Sourishree Ghosh

The way we look at the world will be same as we look at our own country. We say everything begins at home, if we are enslaved in our own country ,how can we talk about freedom of other countries . Patriotism is being so brave that we can bet our own lives without a second thought .

   - Sourishree Ghosh (IG: Terribly Dark Tales)

Sadiya khan

देश मेरा मिट्टी मेरी तुझ पर
है क़ुरबान लहू की हर बूँद मेरी
ना आए कभी कोई आँच शान पर तेरी
दुआ है दिल से हरदम ये मेरी।।
  - Sadiya khan (IG: amiraamir1608)

Nanditha Bas

பச்சை போர்த்திய நிலத்தில்,
இரத்தம் சிந்தி,
தேசிய உணர்வை விதைத்த தினம்;
மனித அமைப்பு ஒன்றுகூடி,
அறிசியலமைப்பை அமைத்த தினம்;
இன்று...
குடியரசு தின வாழ்த்துக்கள்.
    - Nanditha Bas (IG: nanditha_bas)

Vimala Kayetha

A world largest democratic country,
A motherland of great freedom fighters,
A country of unity in diversity,
A country of rich heritage and culture,
A country that stood upfront to help,
A richest country of great glory and history,
East or West, India is the best, proud to be an indian.
   - Vimala Kayetha(IG: vimalakayetha)

Sanah Parveen

Each and every tale
About my motherland
Is extraordinary
They, ever ready to flow blood
Despite storm or flood
Sacrifice life for the sake of my soil...
  - Sanah Parveen (IG: artssignificance)

Sangita Dash

Rather than emphasising the matter about the battle , a warrior is found to be well focussed to fight though it's technique of welding weapons.

However that doesn't imply the sharpness of the sword decides the winner of the war .

Techniques are like the shadow of the weapons which dignifies the power of the struggler.

   - Sangita Dash(IG: sangita_dash09)

Ishika Goyal

ना हिंदू, ना मुसलमान और ना ही किसी जात-पात का मोहताज हूं मैं..,
फौलादी सीना, अडयिल चट्टान, दुश्मनों की नाक में दम करदूं ऐसा हथियार हूं मैं..,
धरती मां की आंख का तारा, भारत का स्वभिमान और वीर जवान हूं मैं।।

एक मां के जज़्बात, एक बहन और बेटी का प्यार ,एक पत्नी का इंतजार हूं मैं..,
कभी सियाचिन की बर्फीली ठंड, कभी राजस्थान की तपती धूप हूं मैं..,
हर देशवासी की सुरक्षा की तरकीब और उनके माथे पर सुकून की लकीर हूं मैं..,
"भारत माता की जय" एक ही ललकार हूं मैं, धरती मां की हिफ़ाज़त का हकदार हूं।।
    - Ishika Goyal

Rachna Rathore

भारत देश में रहने वाले हम भारतवासी कहलाते हैं
अपने देश की अनेक विशिषताएं हम आपको बतलाते हैं
मुद्दा कोई भी हो झगड़े का प्रथम मट्ठभाषा में समझाते हैं
भारत के वीर स्वदेश के खातिर जान की बाजी भी लगाते हैं
- Rachna Rathore (IG: Archana Rathore 17)

Vijay Rajan

भारत मां के कण कण में बसी , और अनगनित वीरो के बलदिानो से सजी,
तब जाके मिली है आजादी , किसी ने बेटा , तो किसीने भाई , तो किसी ने पिता,
तो कीसीने बहन , तो कीसीने पूरा परविार गवाया , तब जाके मिली है आजादी ,
काल े पानी की सजा से लेके , सीने पर गोलियों की बौछार से लेके फांसी के
फंदे को हस्ते हस्ते गले लगाया , तब जाके मिली है आजादी,
न जात - धर्म , न आमिर- गरीब , न कोइ भेद - भाव , देश के हर शख्स की
ऐक ही पुकार , भारत मां , बस भारत मां , तब जाके मिली है आजादी,
  - Vijay Rajan(IG: rvijay369)

S.Keerthika

My Country India is my pride.
We all are united here,
With full of love in cheer.
My Country India is my proud.
We all are friendly to each other,
With full of peace together.
I love my Country forever!
    - S.Keerthika(IG: crazy_keerthi_02)

Madiha imran momin

Over the years that has past
'26th Jan is just another holiday', I thought
With the very recent wisdom, I have got
I salute the leaders who had fought

We Indians are very proud to celebrate Republic day
Protected by soldiers in the border who never sway
Hear me, I just have few things to say.
    - Madiha imran momin(IG: Madihamomin23)

Suriyanshi Mishra

ना भाषा देखी नाही देखी जाती,
बस सबको अपना साथी बनाया,
हो पाकिस्तान या बांग्लादेश
हमने सबको गले लगाया।
दी शरण हमने सबको,
जब भी जिस पर संकट आया।
खुद संघर्ष करके हमने भारत का नाम बढ़ाया।
    - Suriyanshi Mishra (Ms.suriyanshhiii)

Pranali Bhinge

तिरंगे की आन है यह तो मेरी शान है...
इस माटी में क्या कमाल है, मेरा भारत देश महान है...
हजारों गाथाएँ पढ़ी वह सुनी जाती है, यही मेरे भारत की पहचान है...
इस देश के किस्से विदेशों तक से ले है,
अपने देश के लिए बलिदान होने वाले महान व्यक्ति वही इस तिरंगे की आन है...
अपनी देश की आजादी में है इनका अमूल्य योगदान, यही मेरे भारत की पहचान है...
मातृभूमी प्रेम की भाषा को तिरंगे में सजाया जाता है; मेरे देश की पहचान है यही तो
मेरे देश की आन है...!!

   - Pranali Bhinge (IG: pran_ali3141)

Kousika Seetharaman

என் தாய்நாடே என் உயிர்மூச்சு
தியாகிகளின் தியாகங்களே நம்மை காத்தது
பாரதம் உயர்ந்து நிற்க தடைகளோ பல
நம் நாட்டை குடியரசாக்கிய தலைவர்களுக்கு இணையதே
தேசப்பற்றின் விளைவே
இவைகள் என்றாலும்
வீரர்களின் வீரமே மதிப்பிற்கரியது
என் தேசம் எனது பெருமை என்றென்றும்
    - Kousika Seetharaman

Chandana Kasipuram

I - Inspiring freedom fighters,

N - Nostalgic battles,

D- Democratic lifestyle,

I- Incredible culture,

A- Agriculture is our wisest pursuit.

Proud to be an Indian!

Salutes to all our warriors!

    - Chandana Kasipuram (IG: chandusparkz)

Prerna Lal

You colour yourself with pink pugdis,
on daughter's weddings as happily,
as white chikan kurtas on Eid.
You wear black and are as hurt on Muharram,
When any part of you is in despair.
You are a model mother nation accepting all,
Enveloping all, Maa Tujhe Salaam !
 - Prerna Lal(IG: prerna.lal)

Ritu Arora

तेरी रक्षा की खातिर
गर लहू बहे, कोई गम नहीं।
तू गौरव है इस देश का,
तेरे बिन, हम तो हम नहीं।
तू रहे शान से लहराता,
हम ना भी रहे, कोई गम नहीं।
　　　- Ritu Arora (IG: ritu.arora.5439087)

R.Shalini

A day celebrating as full of happiness
Its my nation my strenth
Our leaders make a day
We here celebrate and dedicate
A days to our heroic leaders Today is the day my country's
Heroic leaders wore the trophy to head
Celebrate a day Freee and happily..
   - R.Shalini (IG: Itsmeshaluma002)

Muskan Bhalla

ख़्वाब था किसी का फौज में भर्ती होना ,
ख़्वाब पूरा हुआ तब जब उसकी माँ ने भरी हामी थी,
सौंप दिया था आपने जिगर के टुकड़े को धरती माँ को,
एक आह भी ना निकाली थी ,
पता ना था देख पाएगी वो आपने बेटे को दुबारा फिर भी उसने आपने बेटे की फौजी
बनने की zid पूरी करवाई थी ,
सलाम है ऐसी माँ को जिसने की ना प्रवाह आपनी थी|
  - Muskan Bhalla (IG: _muskan_bhalla_)

Neeraj J

Sounds of happiness,
Freedom from loneliness,
Emotions gets to ride,
Smile makes a great wide,
Mind mood gets a change,
Thoughts starts to exchange,
And it's none other than the love for our country.
- Neeraj J (IG: juz_call_me_neer)

Manish Kumar

कड़-कड़ पर भारत की गाथा लिखूंगा, हर बूंद-बूंद पर तेरे विचार पढ़ूंगा,
आज सब को अपने साथ लेकर ,
भारत माता की जयकार करूंगा..
   हर रक्त रक्त में तेरे प्राण भरूंगा , हर एक शख्स में तेरी जान भरूंगा,
आज हर गली, हर चौराहे में जाकर,
भारत माता की जयकार करूंगा..
   - Manish Kumar (IG: i_m_kumar_manish)

Gaurav Pandeyz

देश की शान के प्रश्न पर वीरों ने त्यागा नहीं स्वाभिमान
यह मट्टी को मां कहते हैं चाहे बलुअट-दोमट-रेगिस्तान
जल, थल और गगन में स्थापित किए लाखों कीर्तिमान
अपनी तकनीक से हमने मंगल तक पर छोड़े हैं निशान
जन्म लिए यहां पर कितने ज्ञानी, धुरंधर और महान
गुणों से समाहित देश ने बनाई विश्व पटल पर पहचान
यह है मेरा प्यारा हिंदुस्तान, यह है मेरा प्यारा हिंदुस्तान
    - Gaurav Pandeyz (IG: poetic_pandeyz)

Kiran Bhardwaj

मेरी यही कामना हैं ईश्वर से, की बहे मेरी अर्थी अगर
तो उसी गंगा माँ का पानी हो
बना दे ईश्वर फूल, पत्थर कुछ भी पर
जड़, सातों जन्म में हिंदिुस्तानी हो "
देश के लिए लड़ने को तैयार , मुझमें हर वक़्त भवानी हो!
बना दे भगवान् फूल, पत्थर कुछ भी पर
जड़े सातों जन्म में हिंदिुस्तानी हो!
  - Kiran Bhardwaj (IG: kiran_bhardwaj)

Wasif Raza Khan

Freedom of mind is the real freedom.

A person whose mind is not free though he may not be in chains, is a slave, not a free man.

One whose mind is not free, though he may not be in prison, is a prisoner and not a free man.

One whose mind is not free though alive, is no better than dead.

Freedom of mind is the proof of one's existence.

- Wasif Raza Khan (IG: wasif_khan_8.o)

Aditi

आज दुकानों में, तो कल आसमान में होगा।
फिर तो शायद सड़कों पर, या कूड़ेदान में होगा।
अगर फेंकना ही है, तो खरीदते क्यों हो तिरंगा-
यह तो दिल का टुकड़ा है जनाब,
हर भारतीय इंसान में होगा।
  - Aditi (IG: lets_ink_it.1)

Prafful Saxena

अब नहीं होगें दुश्मनों से अधीर।
देश के नाम हो चुका यह शरीर,

अनपढ़ भी सुधारे अपनी तहरीर,
कि खोखला न होगा यह आदशिरीर।
  हर स्त्री होगी देश कि रीर, देश को समर्पति हर शरीर।
  - Prafful Saxena (IG: praffulsaxena)

Nandini Thakur

ये देश हमारा है, हम इस देश के वासी।
स्वतंत्र हुए थे तब भी , होंगे आज भी।
    इस बार किसी और से नहीं, खुद से लड़ना है
कद कर नहीं, बस कुछ बंदिशो को अपनाना है
एस बार किसी देश को नहीं, कोरोना को हराना है
एस बार दूरी बनकर, भारत को जिताना है
    - Nandini Thakur (IG: Speak._with._heart)

Gunjan Jogia

मैं रईस हूँ क्योंकि मैं देशभक्त हूँ
मेरी देशभक्ति ही मेरा धन हौ
मेरी पहचान बस इतनी सी हैं कि,
मरे देश से जुड़ा मेरा तन और मन हौ
मुझे गर्व हैं मेरी जन्मभूमि माँ भारती पर,
मेरा घर उसका आँचल हौ हाँ,
मैं रईस हूँ क्योंकि मेरा देश मेरी रयासत हौ
   - Gunjan Jogia (IG: gunjavinodi)

Mohammad Shabaz Alam

"Devote your Life to your motherland & you will be alive in billions of hearts even after you die."
   - Mohammad Shabaz Alam (IG: shabaz_alam2908)